Armin Schnürer

Vorteile und Herausforderungen beim Einsatz von Cloud Computing für Unternehmen

Bachelor + Master
Publishing

Schnürer, Armin: Vorteile und Herausforderungen beim Einsatz von Cloud Computing für Unternehmen, Hamburg, Bachelor + Master Publishing 2013
Originaltitel der Abschlussarbeit: Vorteile und Herausforderungen beim Einsatz von Cloud Computing für Unternehmen

Buch-ISBN: 978-3-95684-122-4
PDF-eBook-ISBN: 978-3-95684-622-9
Druck/Herstellung: Bachelor + Master Publishing, Hamburg, 2014
Covermotiv: © Kobes · Fotolia.com
Zugl. Fachhochschule OberÖsterreich Studienbetriebs GmbH, Wels, Österreich, Bachelorarbeit, 2013

Bibliografische Information der Deutschen Nationalbibliothek:
Die Deutsche Nationalbibliothek verzeichnet diese Publikation in der Deutschen Nationalbibliografie; detaillierte bibliografische Daten sind im Internet über http://dnb.d-nb.de abrufbar.

© Bachelor + Master Publishing, Imprint der Diplomica Verlag GmbH
Hermannstal 119k, 22119 Hamburg
http://www.diplomica-verlag.de, Hamburg 2014
Printed in Germany

Danksagung

Zunächst möchte ich mich an dieser Stelle bei allen bedanken, die mich während der Erarbeitung und Fertigstellung dieser Bachelorarbeit unterstützt und motiviert haben.

Besonderer Dank gebührt meinem Betreuer der Arbeit, DI Dr. Hermann Pommer. Er hat mich durch seine fachliche Kompetenz unterstützt und hilfreiche Antworten auf meine Fragen (formale, sowie fachliche) gegeben.

Ein großes Dankeschön geht auch an meinen Vater und an Sabrina, die mich durch Korrekturlesen der Arbeit unterstützt haben.

Nicht zuletzt möchte ich mich bei meinen Eltern und bei Sabrina dafür bedanken, dass sie mich immer wieder motiviert haben und während des Studiums immer für mich da waren.

Inhaltsverzeichnis

Abbildungsverzeichnis

Tabellenverzeichnis

Abkürzungsverzeichnis / Glossar

API   Application Programming Interface
IaaS   Infrastructure as a Service
IT   Informationstechnik (Informations- und Datenverarbeitung)
NIST   National Institute of Standards and Technology
OSI   Open Systems Interconnection
PaaS   Platform as a Service
ROI   Return on Investment
SaaS   Software as a Service
SSLA   Security-Service-Level-Agreement
VPN   Virtual Private Network

Kurzfassung

Das Cloud Computing Modell ist in aller Munde, wenngleich dieser Begriff sehr häufig falsch verwendet wird. Oft wird Cloud Computing ganz einfach als Weiterentwicklung des wohlbekannten Grid Computings gesehen, wobei es aber ein weitaus umfangreicheres Thema darstellt.

Die Anforderungen an moderne IT Systeme wachsen stetig und dies impliziert einen großen Bedarf an neuen Computing Ansätzen – einer davon ist Cloud Computing. Wird dieses System richtig umgesetzt, können IT Kosten minimiert und besser budgetierbar gemacht werden, sowie Bedarfsschwankungen in der IT geschickt ausgeglichen werden. „Lastspitzen" stellen für Cloud Computing Systeme keine Hürde dar.

Selbst gehostete und gewartete IT Infrastruktur erfordert neben Investitionen und Personalkosten auch enormen Aufwand für die stetige Wartung, Optimierung und Schulungen. Zudem ist ein nicht unbeachtlicher Teil der Unternehmen nicht in der IT Branche tätig, womit auch deren Kernkompetenzen in anderen Bereichen liegen. Ist nun ein großer Aufwand notwendig, um die eigenen IT Systeme einzurichten und aktuell zu halten, so kann dem eigentlichen Hauptgeschäft nicht mehr die volle Aufmerksamkeit geschenkt werden.

Kosteneinsparung und der verminderte Aufwand für die IT sind wohl die zwei wesentlichen Vorteile, die der Einsatz von Cloud Computing im Unternehmen mit sich bringt.

Da der Umstieg auf Cloud Computing neben Vorteilen natürlich auch neue Herausforderungen für die Unternehmen schafft, will dieser Schritt gut überlegt sein. Diese Arbeit soll einen Überblick über Cloud Computing geben und die Vorteile und Herausforderungen aufzeigen, die beim Einsatz in Unternehmen entstehen können. Nach den anfänglichen Definitionen und Begriffsabgrenzungen folgt ein kurzer Überblick über die wichtigsten Technologien, die hinter dem Cloud Computing Ansatz stecken. Im Anschluss daran wird dieses Wissen verwendet um die Vor- und Nachteile sowie Herausforderungen zu diskutieren, die für Unternehmen wesentlich sind.

Diese Arbeit zeigt, dass man beim Einstieg in die Cloud durchaus strukturiert vorgehen sollte. Nicht jedes Unternehmen kann von den Vorteilen profitieren und nicht jedes Business Szenario ist „Cloud kompatibel". Vor allem die genaue Prüfung und Auswahl der Cloud Computing Anbieter, sowie das Abschließen entsprechender Verträge sollten bedacht werden. Bleiben diese Faktoren unbeachtet, so kann der Einstieg in die Cloud durchaus eine Gefahr für die Unternehmensexistenz darstellen.

.

Executive Summary

These days the Cloud Computing model is what it is all about, although this term is often misapplied. Frequently it is referred to as further development of the well known Grid Computing model. In fact Cloud Computing is much more comprehensive.

There is a constant growth of requirements for modern IT Systems, which implicates a high demand for new computing models – one of them is Cloud Computing. If implemented correctly, such a system could minimize IT costs and make it easier to draw a budget for the IT department. Additionally it is possible to cover fluctuations in IT demand. Load peaks will not remain a problem for Cloud Computing systems.

Self-hosted and self-administrated IT infrastructure requires high investments and labour costs. In addition there will arise enormous costs for constant maintenance, optimization and training courses. There are plenty of companies, which are not active in the field of IT (IT is not a part of their core competence). These companies might put a lot of effort into setting up and keeping their IT systems up to date and this is why they are not able to concentrate on their core competences.

If we sum up it is apparent that cost saving and the reduced workload for the IT are the two major advantages, which arise for companies through the usage of Cloud Computing. As there are also new challenges which come up if companies are using Cloud Computing, this big step of switching to Cloud Computing must be carefully planned.

This thesis has been written to give an overview about the complex model of Cloud Computing and shows advantages and challenges, which might occur if using Cloud Computing. After initial definitions and explanations there is a brief overview about the most important technologies, which serve as enabler for Cloud Computing. Subsequently this basic knowledge is used for discussion of advantages, disadvantages and challenges, which are essential for companies.

This thesis shows that the use of Cloud Computing should be planned carefully. It is not possible for every company to benefit from the advantages of this computing model and not every business scenario meets the requirements for using a Cloud Computing system. The most important steps to consider are the detailed examination and selection of the Cloud Computing Provider and the conclusion of an appropriate contract. If companies do ignore these factors, it might be a great danger for the corporate existence.

1 Einleitung

Auf Grund der stetig steigenden Anforderungen an IT Systeme, die sich unter anderem in

    (i)   Schnell steigendem Speicherbedarf

    (ii)   Bedarf an immer leistungsstärkeren Systemen

    (iii)   Immer größer werdenden Datenströmen

    (iv)   Systemverfügbarkeit von nahe zu 100%

äußern, müssen Unternehmen aller Branchen ihre Systemlandschaften (teilweise) grundlegend neu überdenken.

Ein Ansatz sich dieser Marktanforderung entsprechend anzupassen, ist das System des Cloud Computing.

1.1 Problemstellung

Die vorhin erwähnten wachsenden Anforderungen an die IT Systeme fordern großes Know-How in den IT Abteilungen der modernen Unternehmen. Die Anpassung an diese Anforderungen impliziert einen großen Aufwand in Kompetenzaufbau und damit verbunden auch hohe Kosten für entsprechende Infrastruktur und Experten (Mitarbeiter). Eine wesentliche strategische Entscheidung im Unternehmen ist es nun, diese wachsenden Anforderungen zu erfüllen und gleichzeitig den Aufwand für IT Infrastruktur und Mitarbeiterschulung (Expertenbildung) möglichst zu minimieren.

Immer mehr Unternehmen wählen deshalb den Einsatz von Cloud Computing Systemen, um bestimmte Systembereiche und somit auch Aufwand für Kompetenzaufbau und Infrastruktur an externe Anbieter auslagern zu können und somit wieder eine stärkere Fokussierung auf die Kernkompetenzen zu erreichen. Kostenminimierung spielt natürlich immer eine wesentliche, begleitende Rolle.

Neben all den Vorteilen, die Cloud Computing Systeme bieten, gibt es natürlich auch einige Nachteile und darunter sicherlich einen der größten Kritikpunkte: die Sicherheit.

Zentrale Fragestellungen sind:

- Was ist Cloud Computing?
- Welche Systemmodelle im Cloud Computing sind möglich? Welche technischen Voraussetzungen sind für Cloud Computing Systeme notwendig?
- Warum wird der Bedarf an Cloud Computing Systemen immer größer?
- Welche Vorteile bringt der Einsatz von Cloud Computing Systemen für Unternehmen?
- Welche Herausforderungen bringt der Einsatz von Cloud Computing Systemen mit sich?

1.2 Zielsetzung

Ziel dieser Arbeit ist es, den Begriff Cloud Computing zu erläutern und die Grundlagen dieses Ansatzes aufzuzeigen. Dabei sollen sowohl die theoretischen Grundlagen und Systemmodelle, sowie auch die technische Realisierung berücksichtigt werden.

Auf diesem Grundlagenwissen aufbauend soll analysiert werden, wie Cloud Computing Systeme für Unternehmen sinnvoll eingesetzt werden können, bzw. wo die Vorteile sowie die Herausforderungen liegen.

1.3 Aufbau und Struktur

Zu Beginn der Arbeit müssen einige grundlegende Begrifflichkeiten und die Basisarchitektur von Cloud Computing Systemen beschrieben werden. Auf diesem Wissen aufbauend, wird das nächste Kapitel die technischen Methoden die hinter diesen Modellen stehen beschreiben.

Mit diesen Basics ist es möglich, im nächsten Kapitel auf den Einsatz von Cloud Computing Systemen im Unternehmen einzugehen. Damit verbunden werden Vorteile sowie Herausforderungen genannt und es wird auch auf das Thema Sicherheit im Cloud Computing eingegangen.

2 Cloud Computing

Wie in Kapitel 1.1 erwähnt, verändert sich unsere IT sehr rasant. Diese Anforderungen implizieren die Notwendigkeit, neue Systemmodelle zu entwickeln. Cloud Computing ist eine mögliche Alternative, um diese Ansprüche zu erfüllen. Die folgende Grafik zeigt drei wesentliche Dimensionen der angesprochenen IT Veränderungen.

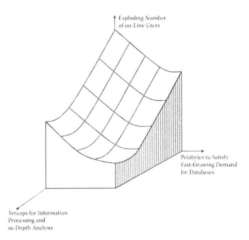

Abbildung 1: Steigende Anforderungen an unsere IT Systeme nach Chorafas[1]

2.1 Einleitung

Der Begriff Cloud Computing lässt sich nicht auf eine einzelne Definition beschränken; vielmehr gibt es in der Literatur eine Vielzahl an Definitionen, die jeweils aus verschiedenen Sichtweisen getroffen werden.
Der Begriff „cloud" wurde häufig als Synonym für „das Internet" verwendet. Heutzutage versteht man unter diesem abstrakten Begriff weitaus mehr.[2]

Beschäftigt man sich mit dem Thema Cloud Computing, so kommt man nicht um die Definition des National Institute of Standards and Technology (NIST) herum. Dort wird Cloud Computing wie folgt definiert:

„Cloud computing is a model for enabling convenient, on-demand network access to a shared pool of configurable computing resources (e.g., networks, servers, storage applications and services) that can be rapidly provisioned and released with minimal

---

[1] Quelle: Chorafas, 2011, S.8
[2] Chee, Franklin, 2010, S.2

management effort or service provider interaction. This cloud model is composed of five essential characteristics, three service models, and four deployment models.[3]

Folgt man der Definition von Shaikh, so wird der Begriff des Internets stärker hervorgehoben. Er sieht Cloud Computing als Ressourcenbereitstellung im Internet, also online. Shaikh geht sogar noch einen Schritt weiter und definiert Cloud Computing als „Internet computing".[4]

Die beiden oben genannten Definitionen heben den Begriff Cloud Computing auf eine eher abstrakte Ebene. Es wird ein Modell erwähnt, doch kaum konkrete Technologien. Andere Autoren hingegen sehen bereits in ihrer Definition einen technischen Hintergrund. Cloud Computing ist demnach eine Verschmelzung von verschiedenen, bereits länger existierenden Technologien. Hierbei werden folgende Disziplinen berücksichtigt:[5]

- Hardware
- Internet Technologie
- Systemverwaltung
- Verteilte Systeme (Verteilte Datenverarbeitung)

Unter Berücksichtigung dieser vier essentiellen Disziplinen, kann man Cloud Computing als Schnittmenge wie folgt darstellen:

---

[3] Mell, Grance, 2011, S.2
[4] Haider, Shaikh, 2011, S.214
[5] Buyya, Broberg, Goscinski, 2011, S.3ff

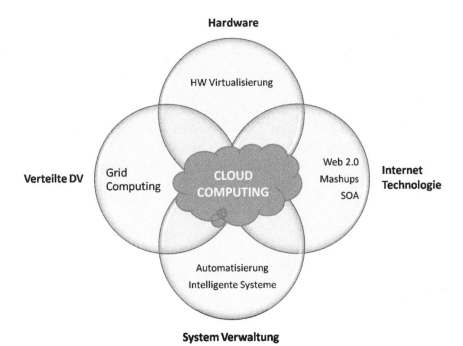

Abbildung 2: Cloud Computing als Schnittmenge verschiedener, bereits länger existierender Technologien nach Buyya, Broberg, Goscinski[6]

Auch andere Cloud Computing Definitionen lehnen sich an die in Abbildung 2 genannten Disziplinen an. Wie Abbildung 2 zeigt, sind Virtualisierung, Webservices und verteilte Datenverarbeitung (und damit verbunden auch skalierbare Systeme) zwei wesentliche Hauptbestandteile von Cloud Computing Systemen. Somit stellt Furth folgende Definition bereit:

> *„Cloud computing can be defined as a new style of computing in which dynamically scalable and often virtualized resources are provided as a services over the Internet.“*[7]

Abschließend sollte noch eine bereits etwas ältere Definition von Carl Hewitt erwähnt werden. Er spricht von permanenter Datenspeicherung auf Servern im Internet, von welchen die Daten von den einzelnen Clients abgerufen werden („cached temporarily"). Als Clients werden hier verschiedenste Devices wie bspw. Notebooks oder Handheld Devices erwähnt.[8]

---

[6] Quelle: inhaltlich übernommen aus: Buyya, Broberg, Goscinski, 2011, S.6
[7] Furht, Escalante, 2010, S.3
[8] Hewitt, 2008, S.96-99

Chee und Franklin sehen diese Definition als unvollständig und sprechen von zentral administrierten Ressourcen, die über Services von Benutzern abgerufen werden können. Hierbei wird hervorgehoben, dass diese Services je nach Bedarf in Anspruch genommen werden können.[9]

Wie initial erwähnt, finden sich in der Literatur reichlich Definitionen, die das Thema Cloud Computing aus verschiedensten Blickwinkeln beleuchten und sich auf variierenden Abstraktionsstufen herablassen. Resümiert man nun die oben genannten Aussagen, so kann man folgende wesentlichen Eigenschaften hervorheben, die den Begriff Cloud Computing charakterisieren:

- bedarfsgerecht
- dynamisch/skalierbar
- auf Internet Technologien basierend
- serviceorientiert
- verteilt
- gemeinsam genutzt
- virtualisiert

Ergänzend sollte noch erwähnt werden, dass Abstraktion ein wesentliches Grundkonzept des Cloud Computings ist. Es ermöglicht unter anderem die für das Cloud Computing Modell notwendige serviceorientierte Denkweise. Man definiert bspw. eine gewisse Anwendung, ohne dabei über die tatsächlich dahinterstehende Hardware nachzudenken. Ein bekanntes Beispiel für Abstrahierung wäre das ISO-OSI Schichtenmodell.[10]

Unter Berücksichtigung dieser Merkmale, kann man Cloud Computing wie folgt definieren:

Cloud Computing ist ein Systemmodell welches es ermöglicht, beliebige, teils virtualisierte Ressourcen online, genau zum Zeitpunkt der Bedarfsentstehung und im erforderlichen Ausmaß als Service von einem Dritten abzurufen, ohne sich dabei über die darunterliegende Infrastruktur Gedanken machen zu müssen.

Cloud Computing ist ein abstraktes Modell, welches aus verschiedenen Komponenten besteht. Diese Komponenten werden in den nachfolgenden Kapiteln näher erläutert.

---

[9] Chee, Franklin, 2010, S.3
[10] Chee, Franklin, 2010, S.4

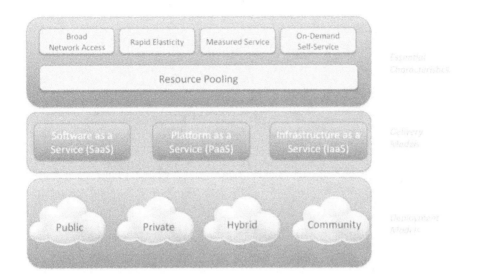

Abbildung 3: Definition von Cloud Computing nach NIST, grafische Darstellung[11]

2.2   Begriffsabgrenzung

Cloud Computing ist im wesentlichen Sinne keine völlige Neuentwicklung, vielmehr ist es ein Systemmodell, aufbauend auf bestehenden, fundierten Technologien. Weiters haben sich viele Technologien im Laufe der Zeit stetig weiterentwickelt und somit Cloud Computing im derzeitigen Stadium geprägt.

L. Ellison, CEO von Oracle, sieht Cloud Computing als *„…everything that we currently do"*.[12] Diese Aussage macht deutlich, wie umfangreich dieses Systemmodell also ist.

Bevor man versucht den Begriff Cloud Computing als solches näher zu analysieren, sollte man einen kurzen Blick auf die historische Entwicklung des Cloud Computing Modells werfen. Hierbei zeigen Voas und Zhang die wesentlichen Entwicklungsstufen in Richtung Cloud Computing.

---

[11]Quelle:
https://wiki.cloudsecurityalliance.org/guidance/index.php/Cloud_Computing_Architectural_Framework
[12] Farber, 2008

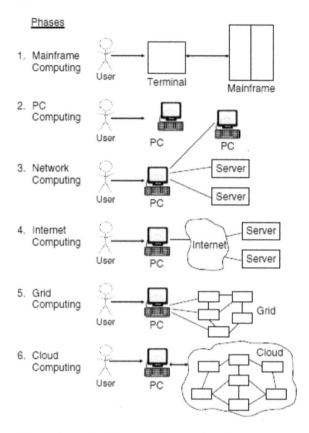

Abbildung 4: Entwicklungsphasen des Computer Wesens. Von Mainframe Computing bis hin zu Cloud Computing nach Furth, Escalante (in Voas und Zhang)[13] [14]

Die in Abbildung 4: Entwicklungsphasen des Computer Wesens. Von Mainframe Computing bis hin zu Cloud Computing nach Furth, Escalante (in Voas und Zhang) aufgezeigten Entwicklungsstufen sind keine homogenen, voneinander unabhängigen Technologien, vielmehr bauen diese aufeinander auf oder ergänzen sich auch.

Im Folgenden nun eine kurze Beschreibung der einzelnen Stufen:[15]

- **Phase 1 - Mainframe Computing:** Großrechner (sog. Mainframes) wurden über Terminals (Konsolen – textbasierte Eingabeprogramme zur Kommunikation mit Rechnern) angesprochen. Mehrere Benutzer haben dabei auf einen Mainframe zugegriffen.

- **Phase 2 - PC Computing:** In Phase 1 mussten Benutzer auf Mainframes zugreifen, da sie sonst kaum Möglichkeit hatten, die erforderliche Rechenleistung zu er-

---

[13] Quelle: Furth, Escalante, 2010, S.4 (in Anlehnung an Voas und Zhang 2009).

[14] Voas, Zhang, 2009

[15] Furth, Escalante, 2010, S.3ff

halten. In der Phase des PC Computings sind die Computer nun stark genug (im Sinne der Rechenleistung), um den Großteil der Benutzeranforderungen abarbeiten zu können.

- **Phase 3 - Network Computing:** In dieser Phase wurden nun die einzelnen Rechner und auch Server über lokale Netzwerke verbunden. Zweck war die Ressourcenteilung und damit verbunden die Performancesteigerung.
- **Phase 4 - Internet Computing:** Internet Computing kann im Prinzip als Weiterentwicklung des Network Computings gesehen werden, mit dem Unterschied, dass nun mehrere, lokale Netzwerke oder Rechner weltweit miteinander verbunden werden. Diese Vernetzung führte zu dem „Internet", wie wir es heute kennen.
- **Phase 5 - Grid Computing:** Bei diesem Ansatz wird versucht die Rechenleistung zu erhöhen, indem man die zu erfüllenden Aufgaben auf mehrere Rechner verteilt. Hierbei geht es in erster Linie nur um die verteilte Architektur.
- **Phase 6 - Cloud Computing:** Wie bereits in Kapitel 2.1 erwähnt, ermöglicht Cloud Computing, dass Ressourcen bei Bedarf über Internet abgerufen werden können. Einfachheit und Skalierbarkeit stehen dabei primär im Vordergrund.

Betrachtet man diese Entwicklung, so könnte man zu Recht behaupten, dass Cloud Computing ein simples Wiederaufleben des Mainframe Computing Ansatzes sei. Jedoch gibt es wesentliche Unterschiede zwischen diesen beiden, historisch voneinander weit entfernten Ansätzen:[16]

- Beim Mainframe Computing kann die Rechenleistung zwar sehr groß sein, jedoch ist diese immer beschränkt. Der Cloud Computing Ansatz hingegen kann schier unendlich große Rechenleistungen zur Verfügung stellen. Dasselbe gilt natürlich analog für Speicherkapazitäten.
- Mainframes wurden über simple, quasi funktionslose Terminals angesprochen. Cloud Computing Systeme werden hingegen von normalen Computern aus angesprochen. Somit können lokal schon sehr viele Funktionen abgebildet werden und die Rechenleistung des Cloud Computing benutzenden Rechners zusätzlich voll ausgeschöpft werden.

Aus den vorhin genannten Entwicklungsstufen lässt sich gut erkennen, wie der Cloud Computing Ansatz nach und nach entstanden ist. Jedoch fehlen noch zwei wesentliche Merkmale:

- Utility Computing
- Die klare Unterscheidung von Grid und Cloud Computing

---

[16] Furth, Escalante, 2010, S.4

Grid Computing beschäftigt sich mit der Verteilung von Aufgaben auf mehrere Rechner, dies ermöglicht eine Leistungserhöhung. Hierbei steht die Verbindung mehrerer Rechner im Vordergrund, beim Cloud Computing hingegen die Serviceorientierung.

Eine weitere Unterscheidung ist die Verwaltung. Bei Cloud Computing gibt es eine zentrale Administration, die es beim Grid Computing nicht gibt.

Utility Computing ist im Wesentlichen eine IT Dienstleistung. Utility Computing ist ein Geschäftsmodell, in dem der Kunde nur jene Leistung bezahlen muss, die er auch wirklich in Anspruch nimmt (bspw. Serverleistung). Im Prinzip bedienen sich Cloud Computing Systeme dieser beiden Techniken. Cloud Computing stellt Ressourcen bei Bedarf zur Verfügung. Die Anpassung an den wirklichen Bedarf wird somit flexibler und überskalierte Systeme können im selben Atemzug vermieden werden.[17]

Die nachfolgende Tabelle stellt die wesentlichen Unterschiede noch einmal gegenüber:

Tabelle 1: Gegenüberstellung von Cloud und Grid Computing in Anlehnung an Steinbuch Centre for Computing (SCC)[18]

	Cloud Computing	Grid Computing
Zielsetzung	Serviceangebot je nach Bedarf	Joborientierung
Infrastruktur	Zentrale Administration	Verteilte Ressourcen ohne zentrale Kontrollinstanz
Middleware	Proprietär	Freie Lösungen
Anwendungen	Standardanwendungen	Spezielle oft wissenschaftliche Anwendungen
Userinterface	Einfach, easy-to-use	Komplex, hoher Einarbeitungsaufwand
Geschäftsmodell	Vor allem kommerziell ausgerichtet	Kostenfreie Nutzung von Ressourcen
Basistechnologie	Virtualisierung, SaaS, Web Services	Grid-Infrastrukturen, Hochleistungsrechner
On-demand Ressourcenbereitstellung	Ja	Nein

---

[17] Myerson, 2008, S.1ff
[18] SCC News, Steinbuch Centre for Computing, 2008, S.6

Auch Gong et al.[19] stellt die Merkmale von Cloud Computing und Grid Computing gegenüber. Folgende Unterschiede können festgestellt werden:

Tabelle 2: Gegenüberstellung von Cloud und Grid Computing. Ein Vergleich der Sichtweisen des Steinbuch Centre for Computing und Gong et al.[19]

Eigenschaft	Cloud Computing	Grid Computing	Unterschied zur SCC Definition
Serviceorientierung	Ja	Ja	Gong et al. sieht in beiden Ansätzen eine Serviceorientierung
Geschäftsmodell	Ja	Nein	Gong et al. sieht kein Geschäftsmodell hinter dem Grid Computing Ansatz
Hohe Fehlertoleranz	Ja	Teilweise	Diese Eigenschaft wird in der SCC Definition nicht berücksichtigt.
Hohe Sicherheit	Teilweise	Teilweise	Diese Eigenschaft wird in der SCC Definition nicht berücksichtigt.
Systemunabhängigkeit (Loose coupling)	Ja	Teilweise	Diese Eigenschaft wird in der SCC Definition nicht berücksichtigt.

2.3 Merkmale der Cloud

In den vorherigen Kapiteln wurden verschiedene Definitionen für den Begriff Cloud Computing gefunden, der Grundgedanke dieses Ansatzes erklärt und der Begriff von verwandten Techniken abgegrenzt. In Kapitel 2.1 wurden bereits einige Eigenschaften aufgezählt, die sich aus den verschiedenen Cloud Computing Definitionen ableiten lassen
Neben den erwähnten Definitionen gibt es nun eine Reihe von Merkmalen, die Cloud Computing Systeme mit sich bringen.

Im Grunde ist es eine überschaubare Anzahl von Merkmalen, die in der Literatur als die für Cloud Computing wesentlichen Eigenschaften genannt werden. Vereinigt man diese, so lassen sich elf wesentliche Merkmale nennen:

- **Skalierbarkeit:** Cloud Computing Systeme sind quasi unendlich skalierbar. Das heißt, dass man die einem zur Verfügung stehenden Ressourcen zu jeder Zeit vermindern oder erhöhen kann. Cloud Computing Systeme sind also an den Bedarf anpassbar. Ressourcen können beispielsweise Speicherkapazität oder Re-

---

[19] Gong et al., 2010, S.276

chenleistung sein. Um eine ideale Anpassbarkeit zu gewährleisten, gibt es entsprechende Monitoring Systeme um die Performance zu beobachten. Man spricht hier auch von „Up scale" und „Down scale".[20] [21] [22] [23] [24] [25] [26]

- **Bedarfsorientierung:** Hier sind vor allem die Begriffe „On demand" und „Self service" wesentlich. On demand bedeutet, dass der Benutzer je nach Bedarf verschiedenste Ressourcen beanspruchen kann. Ressourcen können Infrastruktur, Plattformen und auch Applikationen sein. Self service beschreibt den Zustand, dass Benutzer Services anfordern oder ändern können, ohne dafür mit einem Mitarbeiter des Cloud Anbieters physisch in Kontakt zu treten. Der Benutzer kann das System also bis zu einem bestimmten Grad selbst konfigurieren und anpassen. Bedarfsorientierung und Skalierbarkeit sind sehr eng miteinander verbunden.[20] [23] [27]

- **Bezahlung nach Nutzung:** Die Orientierung nach dem tatsächlichen Bedarf des Benutzers erfordert auch ein Umdenken in den Abrechnungsmodellen der Cloud Anbieter. Kunden haben die Möglichkeit nach tatsächlich beanspruchter Leistung zu bezahlen (beispielsweise Zahlung nach Dauer der Nutzung).[20] [22] [24] [26] [27]

- **Anpassbarkeit:** Mit Anpassbarkeit ist gemeint, dass die Benutzer das System an Ihre Bedürfnisse anpassen können. Bei Infrastruktur Services können somit „root" Rechte für die virtuellen Server erlangt werden. Bei Software Services gibt es weniger Möglichkeiten zur Anpassung, aber dennoch einen bestimmten Grad an Freiheit.[20] [21]

- **Einfachheit und Benutzerzentriertheit:** Bei Cloud Computing Systemen sollte die Benutzerfreundlichkeit im Vordergrund stehen. Aus diesem Grund sind die Services über bekannte Standardinterfaces (bspw. Webbrowser) abrufbar. Es ist somit keine neue Zugangssoftware nötig. Technologien wie Web 2.0 werden verwendet, um die Benutzerschnittstellen möglichst einfach und intuitiv zu gestalten. Ein weiterer wesentlicher Punkt ist die Ortsunabhängigkeit. Benutzer können ihre Services von jedem beliebigen Standort (Außnahme: Private Cloud) abrufen.[22] [24] [25] [28]

- **Abstraktion:** Abstraktion und Unabhängigkeit sind eng mit der Eigenschaft der Einfachheit verbunden. Der typische Cloud Computing Nutzer will einen bestimmten Service nutzen, ohne sich dabei aber Gedanken über die zugrunde liegende Hardware und IT Infrastruktur machen zu müssen. Der abstrahierte Service kann

---

[20] Buyya, Broberg, Goscinski, 2011, S.16ff

[21] Chee, Franklin, 2010, S.3ff

[22] Furth, Escalante, 2010, S.11

[23] Mell, Grance, 2011, S.2ff

[24] Jadeja, Modi, 2012, S.877ff

[25] Mishra, Tripathi, 2011, S.1ff

[26] Fouquet, Niedermayer, Carle, 2009, S.31

[27] Chorafas, 2011, S.5ff

[28] Gong, Liu, Zhang, Chen, Gong, 2009, S.275ff

vom Benutzer in Anspruch genommen werden, ohne Aufwand in Details investieren zu müssen. Abstraktion ermöglicht auch Plattformunabhängigkeit und einfache Erweiterbarkeit.[29] [30]

- **Webbasiert:** Cloud Computing Systeme sind in der Regel webbasiert. Das heißt, es werden Web Technologien verwendet, um bestimmte Services abzurufen. In Hinsicht auf Benutzerfreundlichkeit bedeutet dies wiederum, dass ein Zugriff mittels Browser möglich ist. In bestimmten Fällen kann ein Zugriff nur innerhalb eines lokalen Netzwerkes erfolgen.[30] [31] [32]

- **Serviceorientierung:** Cloud Computing Modelle weisen einen hohen Grad an Serviceorientierung auf. Das heißt, es stehen die angebotene Leistung sowie die Wünsche der Kunden im Vordergrund. Serviceorientierung ist unter anderem eine Voraussetzung für die hohe Skalierbarkeit in der Cloud.[29] [32]

- **Geteilte Ressourcen:** Benutzer, die Cloud Computing verwenden, teilen sich die zur Verfügung gestellten Ressourcen mit vielen Benutzern. Dies ist aber für den Endanwender nicht sichtbar (siehe Abstraktion). Diese Ressourcenteilung bringt natürlich auch eine Kostenteilung mit sich und schafft so neue Wege für intelligente Abrechnungssysteme. Durch die Ressourcenteilung kann auch eine Mehrmandantenfähigkeit erreicht werden. Einfach ausgedrückt ist eine bestimmte Software auf einem Server installiert und mehrere Clients (sog. Tenants) können synchron darauf zugreifen. Diese Technologie ist nicht neu, jedoch aber ein wesentlicher Bestandteil des Cloud Computing Ansatzes.[31] [33] [34]

- **Ausfallsicherheit:** Eine der Grundanforderungen an Cloud Computing Systeme ist die Ausfallsicherheit. Die Kunden akzeptieren keine nicht erreichbaren Services. Grundsätzlich ist die Ausfallsicherheit bei bekannten Cloud Anbietern extrem hoch.[30] [35]

- **Business Modell orientiert:** Eine interessante Eigenschaft von Cloud Computing ist die Business Modell Orientierung. Gong et al. erwähnt, dass hinter dem Cloud Computing Ansatz ein gut durchdachtes Geschäftsmodell großer IT Firmen steckt. Ziel ist es primär einen ROI zu erzielen.[36]

---

[29] Chee, Franklin, 2010, S.3ff

[30] Furth, Escalante, 2010, S.11

[31] Jadeja, Modi, 2012, S.877ff

[32] Mishra, Tripathi, 2011, S.1ff

[33] Mell, Grance, 2011, S.2ff

[34] Weinhardt et al., 2009, S.391ff

[35] Chorafas, 2011, S.5ff

[36] Gong, Liu, Zhang, Chen, Gong, 2009, S.275ff

2.3.1 Grundvoraussetzungen für Cloud Computing

Um konkurrenzfähig zu sein, müssen Cloud Anbieter die vorhin genannten Merkmale erfüllen. Unabhängig davon gibt es noch weitere Faktoren, die Grundvoraussetzung für den Einsatz von Cloud Computing Systemen darstellen. Im Folgenden werden zwei dieser Faktoren genannt:

Die erste wesentliche Voraussetzung sind solide Internetverbindungen. Ist die Verbindung nicht ausreichend, so kommt es immer wieder zu Verzögerungen und die Services können unbrauchbar werden.
Ein zweiter wichtiger Faktor ist die Updategeschwindigkeit des Cloud Anbieters. Es muss gewährleistet werden, dass regelmäßig Ressourcenupdates durchgeführt werden. Hierzu zählen das Erweitern von Speicherkapazitäten, das regelmäßige Einspielen von Security Updates, das frühzeitige Erkennen und Vermeiden von Engpässen, sowie eine Ausfallsicherheit, die sich der 100% Marke annähert. Kommen veraltete Technologien zum Einsatz, so wird der Cloud Anbieter nicht mehr konkurrenzfähig sein.[37]

2.4 Service Modelle

Wie bereits erwähnt gibt es viele Möglichkeiten, wie Cloud Computing Systeme angeboten werden können. Daraus resultierend gibt es verschiedene Service Modelle, die unterschieden werden können. Diese Service Modelle unterscheiden sich im Grad der Abstraktion und werden in der Literatur auch als Schichten oder Säulen des Cloud Computing bezeichnet.[38] [39]
Folgende Schichten werden unterschieden:

- Anwendung
- Plattform
- Infrastruktur

---

[37] Chorafas, 2011, S.38
[38] Buyya, Broberg, Goscinski, 2011, S.13
[39] Chorafas, 2011, S.10

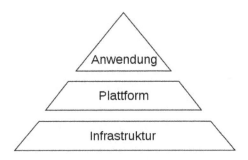

Abbildung 5: Cloud Computing Service Modell (Schichtenmodell)[40]

2.4.1 Infrastructure as a Service (IaaS)

Infrastructure as a Service (IaaS) stellt virtualisierte Ressourcen wie bspw. Rechner oder Speicherplatz zur Verfügung. Der Benutzer kann wählen, welche Eigenschaften diese Ressourcen besitzen (Speicherplatz, Rechenleistung, Betriebssystem, etc.) und besitzt zusätzlich eine ähnliche Flexibilität wie bei der Verwendung und Anpassung eines physischen Servers. Konkret werden hier also virtuelle Maschinen oder virtuelle Speichermedien angeboten. Garantierte Rechenleistungen sowie Bandbreiten für Speicherzugriff und Internet Zugriff werden vereinbart. IaaS bildet die unterste Schicht des Cloud Computing Modells und verkörpert somit die geringste Stufe der Abstraktion.[41][42][43]

2.4.2 Platform as a Service (PaaS)

Platform as a Service (PaaS) stellt eine Plattform zur Verfügung, auf der Programmierer ihre Anwendungen entwickeln können. Es handelt sich also um eine Entwicklungsplattform die auf der Cloud Infrastruktur aufbaut und die mittels möglichst einfacher Bedienoberfläche und sogenanntem Application Programming Interface (API) angesprochen wird. Die Plattform ist mit der notwendigen Software vorkonfiguriert, die der Entwickler für seinen speziellen Anwendungsfall benötigt. Weiters sind die Plattformen individuell anpassbar und somit kann PaaS auch als IaaS mit einem anpassbaren, konfigurierbarem, vorinstallierten Pool an Anwendungen gesehen werden.

PaaS bestitzt einen höheren Grad an Abstraktion als IaaS. Der Entwickler muss sich nicht um Ressourcen wie Prozessoren oder Speicher kümmern.[41][42][43][44]

---

[40] Quelle: http://de.wikipedia.org/wiki/Cloud-Computing
[41] Buyya, Broberg, Goscinski, 2011, S.13ff
[42] Furth, Escalante, 2010, S.4ff
[43] Fouquet, Niedermayer, Carle, 2009, S.31
[44] Jadeja, Modi, 2012, S.878

2.4.3 Software as a Service (SaaS)

Viele Leute verwenden die Begriffe SaaS und Cloud Computing synonym. Der SaaS An-satz ist einer der weit verbreitetsten Gedanken im Zusammenhang mit dem Cloud Com-puting Modell. Hierbei wird Software als Service über das Internet/Netzwerk angeboten und eine Installation auf dem System des Benutzers wird obsolet. Die Software liegt also in der Cloud und es können altbekannte Anwendungen (Textverarbeitung, Tabellenkalku-lation, CRM Systeme, etc.) remote über das Internet/Netzwerk abgerufen werden. Dabei haben mehrere Benutzer auf dieselbe Anwendung Zugriff (one-to-many). Der Benutzer muss keine Lizenzgebühren mehr bezahlen, sondern die Abrechnung erfolgt nach tat-sächlicher Nutzung (pay per use).[44] [45]

2.5 Arten der Cloud

Zusätzlich zu den vorhin genannten Service Modellen, können Cloud Computing Systeme noch weiters in ihrer Art unterschieden werden, welche in der Literatur auch oft als Ein-satz- oder Liefermodelle bezeichnet werden. Im Prinzip unterscheiden sich diese vor al-lem in der Erreichbarkeit für die Benutzer. Wir unterscheiden im Folgenden vier verschie-dene Liefermodelle.

2.5.1 Public Cloud

Public Clouds, auch external oder Internet Clouds genannt, sind im Prinzip von beliebigen Benutzern verwendbar. Die Infrastruktur steht der Öffentlichkeit zur Verfügung und es gibt keine Einschränkungen. Armbrust et al. bezeichnet Public Clouds als "...cloud made available in a pay-as-you-go manner to the general public".[46] [47] [48]

2.5.2 Private Cloud

Private Clouds, auch internal Clouds genannt, können im Gegensatz zu Public Clouds nur von bestimmten Benutzern (meist einer bestimmten Organisation oder Abteilung) genutzt werden. Sie sind speziell an die Bedürfnisse einer Organisation angepasst und die Res-sourcen stehen dieser exklusiv zur Verfügung. Die Verwaltung kann hierbei von einem Drittanbieter (wie bei Public Clouds), oder aber auch In-House übernommen werden. Wichtig ist, dass Private Clouds nur innerhalb eines bestimmten privaten Netzwerkes ver-fügbar sind. Im Regelfall hat der Kunde volle Kontrolle über die Daten und diese Systeme werden auch oft von der firmeninternen IT mit betreut; auf Wunsch übernimmt der Cloud Anbieter die Verwaltung.[46] [47]

---

[45] Dahbur, Mohammad, Tarakji, 2011, S.2
[46] Mell, Grance, 2011, S.7
[47] Furth, Escalante, 2010, S.7
[48] Armbrust et al., 2009, S.4

2.5.3 Community Cloud

Community Clouds sind für die Verwendung von bestimmten Gruppen mit gemeinsamen Interessen konzipiert. Dies können klassische Interessensgemeinschaften, oder aber auch Organisationen mit homogenen Anforderungen und Bedürfnissen sein. Die Verwaltung kann von einem Teil dieser Gemeinschaft selbst, oder aber auch von einem Drittanbieter übernommen werden. Die Services können durchaus extern gehostet sein. Das Modell der Community Cloud wird in der Literatur nur teilweise angeführt.[46]

2.5.4 Hybrid Cloud

Hybrid Clouds, oder auch Mixed Clouds genannt, stellen eine Mischung der vorher genannten Liefermodelle dar. Diese einzelnen Bestandteile werden miteinander verbunden, um ein optimales System für das Unternehmen zu schaffen. Ein Beispiel wäre das temporäre Zukaufen von Public Cloud Services, wenn die Private Cloud Kapazitäten nicht ausreichen.[49] [50]

2.6 Zusammenfassung

Die erste wesentliche Fragestellung dieser Arbeit lautete *„Was ist Cloud Computing?"*. In der Literatur gibt es für diese Frage zahlreiche Definitionen und Sichtweisen. Wichtig ist vor allem, dass Cloud Computing eine Zusammensetzung von verschiedenen, bereits bekannten Disziplinen ist, welche einen Mehrwert für den Benutzer bietet. Cloud Computing ist also ein neues Computing Modell, welches sich vom ursprünglichen Ansatz des Mainframe Computings ausgehend, stetig entwickelt hat. Dieses neue Modell stellt Ressourcen als Services online für Dritte zur Verfügung und verwendet dabei einen hohen Grad an Abstraktion. Im Vordergrund stehen vor allem Bedarfsorientierung, Skalierbarkeit, Serviceorientierung und Einfachheit. So können beispielsweise altbekannte Office Anwendungen ganz einfach über einen Webbrowser verwendet werden, ohne die Notwendigkeit einer lokalen Softwareinstallation.[51] [52] [53] [54] [55]

Um die verschiedenen Kundenbedürfnisse bestmöglich befriedigen zu können, gibt es verschiedene Implementierungen von Cloud Computing. Zu Beginn lautete eine weitere Fragestellung *„Welche Systemmodelle im Cloud Computing sind möglich?"*. Hiermit waren die zwei Cloud Unterscheidungsmerkmale Service Modelle und Liefermodelle gemeint.

---

[49] Buyya, Broberg, Goscinski, 2011, S.13ff
[50] Mell, Grance, 2011, S.7
[51] Furth, Escalante, 2010, S.3ff
[52] Haider, Shaikh, 2011, S.214
[53] Buyya, Broberg, Goscinski, 2011, S.3ff
[54] Chee, Franklin, 2010, S.3ff
[55] Dahbur, Mohammad, Tarakji, 2011, S.2

Service Modelle können als Schichten des Cloud Computings gesehen werden, welches je nach Bedarf auf verschiedenen Abstraktionsstufen angeboten werden kann. IaaS bietet Zugriff auf virtuelle Maschinen oder Speichermedien, PaaS stellt vorkonfigurierte Entwicklungsplattformen zur Verfügung und SaaS bietet Zugriff auf konkrete Anwendungen.[49] Liefermodelle unterscheiden sich im Wesentlich in ihrer Nutzergruppe. Public Clouds stehen der breiten Öffentlichkeit zur Verfügung, Private Clouds stehen bestimmten Benutzern exklusiv zur Verfügung (beispielsweise nur von einem Unternehmen im internen Netzwerk erreichbar). Weitere Mischformen sind in Kapitel 2.5 beschrieben.[50]

Die dritte Teilfrage, die es in diesem Kapitel zu beantworten gab, war die Frage nach dem Warum – *„Warum wird der Bedarf an Cloud Computing Systemen immer größer?"*. Als einfache Antwort können die steigenden Anforderungen an unsere IT Systeme genannt werden. Wird dieser Bedarf In-House gedeckt so entstehen einerseits hohe Kosten und andererseits muss sich das Unternehmen, zusätzlich zu den eigentlichen Kernkompetenzen, auf die IT Systeme konzentrieren. Aus diesen Gründen wird der Bedarf an Cloud Computing Systemen immer größer.[56]

---

[56] Chorafas, 2011, S.8

3 Technische Umsetzung von Cloud Computing Systemen

Wie in den bisherigen Kapiteln ersichtlich, steckt hinter Cloud Computing keine völlig neue Computing Technologie, sondern vielmehr bedient man sich wohlbekannter und etablierter Technologien und vereint diese zu einem neuen, mächtigen Ansatz, der viele Vorteile mit sich bringt.

Um Cloud Computing Systeme umzusetzen, benötigt man einige grundlegende Technologien. Wie in Kapitel 2.1 erwähnt, gibt es vier wesentliche Technologien (auch als Disziplinen bezeichnet), welche ein Cloud Computing System ausmachen[57]:

- Virtualisierung
- Internet Technologie
- System Verwaltung
- Verteilte Datenverarbeitung

Diese grundlegenden Technologien können als Enabler für Cloud Computing gesehen werden und im Folgenden wird ein kurzer Überblick über diese vier Disziplinen gegeben.

3.1 Virtualisierung

Um den Begriff Virtualisierung zu definieren, möchte ich mit einer Definition von Rick Becker (General Manager, HP Blade System) beginnen. Er sagt:

> „Virtualization is about making IT resources changeable matching IT-supply to business demand, which is key to becoming an Adaptive Enterprise, where business and IT are synchronized to capitalize on change."[58]

Seine Aussage unterstreicht die Wichtigkeit von flexiblen IT Systemen. IT Systeme müssen sich an Geschäftsprozesse anpassen können und nicht umgekehrt.
Virtualisierung (Hardware Virtualisierung) bedeutet nun, dass Ressourcen wie (i) Speicherplatz, (ii) Rechenleistung (iii) Netzwerke oder (iv) gesamte Server virtualisiert werden können. Diese virtualisierte Infrastruktur kann also je nach Bedarf vom Benutzer abgerufen werden. Auf einem physischen Applikationsserver können beispielsweise mehrere virtuelle Applikationsserver betrieben werden. Das Thema Abstraktion spielt auch hier eine große Rolle, da für den Anwender nicht ersichtlich ist, ob es sich um eine physische oder virtuelle Ressource handelt. Ein Vorteil von Cloud Computing Systemen ist es nun,

---

[57] Quelle: inhaltlich übernommen aus: Buyya, Broberg, Goscinski, 2011, S.6
[58] Rick Becker, General Manager, HP Blade System, VMware News Releases

durch Virtualisierung eine optimale Ressourcenteilung und somit Auslastung der Systeme zu erreichen.[59] [60]

Die folgende Abbildung zeigt ein Beispiel von virtualisierten Ressourcen:

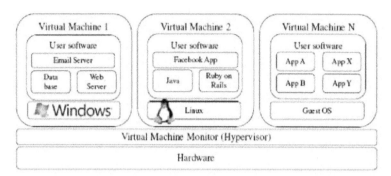

Abbildung 6: Beispiel von Hardware Virtualisierung. Mehrere virtuelle Maschinen mit unterschiedlichen Betriebssystemen und Anwendungen laufen auf einem physischen Server.[60]

3.2   Internet Technologie

Im Wesentlichen müssen im Zusammenhang mit Cloud Computing vier wesentliche Technologien genannt werden:[61]

- SOA (Serviceorientierte Architektur)
- Web 2.0
- Web Services
- Mashups

3.2.1   Web Services
Web Services sollen im Prinzip einen plattformunabhängigen Austausch von Informationen gewährleisten. Es werden fundierte Technologien wie bspw. http (Hypertext Transfer Protocol) oder XML (Extensible Markup Language) verwendet. Web Services können, wie von Cloud Computing Systemen vorausgesetzt, bei Bedarf (also on-demand) vom Benutzer abgerufen werden.[61]

3.2.2   SOA (Serviceorientierte Architektur)
Die Idee der Serviceorientierten Architektur hängt stark mit dem Cloud Computing Ansatz der verteilten Datenverarbeitung und wiederum mit Abstraktion zusammen. Serviceorientierte Architektur verfolgt das Ziel, Dienste, lose gekoppelt und auf einer höchst abstrakten Ebene für den Anwender zur Verfügung zu stellen, wobei eine starke Geschäftsprozessorientierung zu Grunde liegt. Es werden also bereits existierende Software Ressourcen

---

[59] Furth, Escalante, 2010, S.9ff
[60] Buyya, Broberg, Goscinski, 2011, S.10
[61] Buyya, Broberg, Goscinski, 2011, S.7ff

verwendet und in einem abstrakten Dienst gekapselt zur Verfügung gestellt. Durch den Einsatz von standardisierten Schnittstellen, soll die Komplexität von vorhandenen Anwendungen für den Benutzer reduziert werden.[62] [63]

3.2.3 Web 2.0

Web 2.0 im Zusammenhang mit Cloud Computing bedeutet vor allem, dass sich unsere Web Technologien und das Verhalten im Internet grundlegend geändert haben. Viele Services sind nun für die breite Masse öffentlich zugänglich und können von privaten Nutzern verwendet werden. Amazon oder Google bieten eine Vielzahl von öffentlich zugänglichen Services an. Diese grundlegende Neuausrichtung hat den Bereich des Cloud Computings sehr stark geprägt. Auch im Bereich von Mashups haben sich durch das Aufkommen des Web 2.0 neue Möglichkeiten ergeben.[63]

3.2.4 Mashups

Am Markt existieren viele einzelne, durchaus mächtige Services. Der größte Vorteil kann jedoch erzielt werden, wenn mehrere Services kombiniert werden (mittels entsprechender Schnittstellen), um so einen noch höheren Mehrwert für den Benutzer zu schaffen. Dieses Prinzip der Kombination nennt man Mashup. Cloud Computing Systeme profitieren auch von der Vereinigung verschiedener, vorhandener Komponenten.[63]

3.3 System Verwaltung

Unter System Verwaltung sind insbesondere zwei Schlagworte zu verstehen:

- Automatisierung
- Intelligente Systeme

Automatisierung bedeutet, dass von Herstellern versucht wird, möglichst eigenständige Systeme zu schaffen, welche in der Lage sind, sich selbst zu verwalten. Es soll eine möglichst geringe Interaktion mit Menschen stattfinden, welche sich auf grundlegende Steuerungsbefehle reduziert. Die stetig wachsenden zu verarbeitenden Datenmengen erfordern zusätzlich intelligente Systeme. Diese sollen in der Lage sein, gewisse Zusammenhänge und Muster eigenständig zu erkennen. Aufgaben wie Speicherverwaltung, Datensicherung und Notfallprogramme müssen vom System selbst ausgeführt werden können.[64]

---

[62] http://de.wikipedia.org/wiki/Serviceorientierte_Architektur
[63] Buyya, Broberg, Goscinski, 2011, S.7ff

3.4 Verteilte Datenverarbeitung

Verteilte Datenverarbeitung spielt eine wesentliche Rolle für Cloud Computing Systeme. Aufgaben werden auf verschiedenen Systemen verteilt abgearbeitet, um somit eine ideale Lösung und Auslastung zu erzielen. Die hier wesentliche Technologie ist das in Kapitel 2.2 erwähnte Grid Computing. Diese Technologie ermöglicht die Verteilung von Aufgaben auf mehrere Rechner, um so von insgesamt höheren Ressourcen zu profitieren. Im Cloud Computing spielt hierbei nicht alleine die Geschwindigkeit eine Rolle, sondern auch die Fähigkeit, eine Aufgabe so zu verteilen, dass die einzelnen Teilaufgaben jeweils von dem dafür am besten geeigneten System erfüllt werden können. Ziel ist es immer, eine optimale Abarbeitung zu gewährleisten.[64] [65]

3.5 Zusammenfassung

Dieses Kapitel beschäftigt sich mit dem technischen Hintergrund des Cloud Computing Ansatzes. Es soll folgende Fragestellung beantworten: *„Welche Technischen Voraussetzungen sind für Cloud Computing Systeme notwendig?"*. Eine Grundvoraussetzung ist eine solide Internetverbindung. Wenn diese nicht vorhanden ist, ist der Einsatz von Cloud Computing nicht möglich (Ausnahme Private Cloud).[66]

Als grundlegende Technologien, die Cloud Computing ermöglichen, können vier Disziplinen gesehen werden. Virtualisierung ermöglicht hierbei die Ressourcenbereitstellung, Internet Technologie liefert die grundlegende Basis für Kommunikation und Services, System Verwaltung verfolgt das Ziel der Automatisierung und die verteilte Datenverarbeitung kümmert sich um eine ideale Abarbeitung von Aufgaben.[67] [68] [64]

---

[64] Buyya, Broberg, Goscinski, 2011, S.7ff
[65] Furth, Escalante, 2010, S.3ff
[66] Chorafas, 2011, S.38
[67] Buyya, Broberg, Goscinski, 2011, S.15
[68] Furth, Escalante, 2010, S.9ff

4 Cloud Computing im Unternehmen

In den vorherigen Kapiteln wurde das Thema Cloud Computing unter einem relativ allgemeinen Gesichtspunkt betrachtet. Es wurden Begriffsdefinitionen- und Abgrenzungen vorgenommen, Merkmale festgelegt, sowie einige grundlegende Modelle und Technologien beschrieben. Im folgenden Kapitel liegt der Fokus nun auf Unternehmen und deren Einsatzmöglichkeiten für Cloud Computing.

4.1 Warum Cloud Computing?

Betrachtet man private Endanwender, so sind es wohl einige der in Kapitel 2.3 erwähnten Eigenschaften von Cloud Computing Systemen, welche diese Zielgruppe zur Nutzung von Cloud Computing Systemen bewegt. Im Folgenden soll nun die Motivation für den Cloud Computing Einsatz in Unternehmen näher betrachtet werden.

Wie Abbildung 1 zeigt, wachsen die Anforderungen an die IT sehr rasant; die IT unterzieht sich einem stetigen Wandel:[69]

i. Der Bedarf an Speicherplatz steigt mit hoher Geschwindigkeit
ii. Der Bedarf an Rechenleistung steigt mit hoher Geschwindigkeit
iii. Die Anzahl an on-Line Benutzern, bzw. die Anzahl jener Benutzer, die Systeme on-Line verwenden wollen, steigt mit hoher Geschwindigkeit

Um diesen Bedarf In-House decken zu können, müssen Firmen große Summen in IT Infrastruktur investieren. Neben den Kosten für Hard- und Software müssen hier auch Kosten für Mitarbeiter und Weiterbildung berücksichtigt werden. Will man ein Datencenter errichten, welches moderne Cloud Computing Ansprüche erfüllt, so muss man auch einige Umweltfaktoren berücksichtigen. Folgende Anforderungen treten auf: [70]

- Passende klimatische Verhältnisse (geringe Luftfeuchtigkeit, entsprechende Kühlung)
- Entsprechende, günstige Stromversorgung
- Hohe Sicherheit (bspw. gegen Naturgewalten wie Überschwemmungen oder aber auch gegenüber Zerstörung von Dritten)
- Stabile politische Verhältnisse in der betroffenen Region
- Generelle Infrastruktur wie bspw. Glasfaserverkabelung

Wenn sich ein Unternehmen für den Einsatz von Cloud Computing entscheidet, so können die Kosten für die oben genannten Faktoren vermieden werden. Dieser Trend zum sogenannten IT Outsourcing wird immer größer. Durch IT Outsourcing können Unterneh-

---

[69] Chorafas, 2011, S.8
[70] Chorafas, 2011, S.5

men mit externen Spezialisten zusammenarbeiten und sich so wieder vermehrt auf ihre eigentlichen Kernkompetenzen spezialisieren. Cloud Computing verändert die Möglichkeiten von IT Service Providern natürlich sehr stark. Das klassische IT Outsourcing wird stark vom Cloud Computing Ansatz beeinflusst und so gibt es für die Benutzer neue Zahlungs- und Nutzungsmodelle (z.B. Bezahlung nach Nutzung, siehe Kapitel 2.3).[71]

Die wesentlichen Punkte, die für den Einsatz von Cloud Computing in Unternehmen sprechen, sind also Kostenreduktion und Konzentration auf Kernkompetenzen.[71]

4.2 Vorteile

Betrachtet man die im Laufe dieser Arbeit erwähnten Eigenschaften und Merkmale von Cloud Computing Systemen, so lassen sich einige, nicht unwesentliche Vorteile für Unternehmen ableiten.

- **Erhöhung der Flexibilität:** Eine wesentliche Eigenschaft von Cloud Computing Systemen ist die Skalierbarkeit. Diese Eigenschaft ermöglicht es den Unternehmen rasch auf Marktveränderungen reagieren zu können. Rechenleistung und Speicherbedarf sind ohne Aufwand für das Unternehmen auf die jeweilige Situation anpassbar. Wird die IT In-House betrieben, so ist eine Anpassung in dieser Geschwindigkeit und mit solch geringem Aufwand nicht möglich.[72]
- **Wirtschaftliches Zahlungsmodell:** Cloud Computing Systeme bieten neue Abrechnungsmodelle. In Folge dessen müssen Unternehmen nur für die tatsächliche Nutzung bezahlen („pay per use", bspw. könnte eine Bezahlung nach Dauer der Systembenutzung erfolgen). Wird das System nicht genutzt, so fallen auch keine Gebühren an. Dieses Zahlungsmodell ermöglicht eine sehr genaue Planung der anfallenden Kosten und die Overheadkosten können minimiert werden.[73][74][75]
- **Einfach zu verwenden:** Cloud Computing Systeme basieren i.d.R. auf bewährten Web-Technologien und sind großteils über einen Standard Webbrowser abrufbar. Die Benutzer sind mit diesen Interfaces meist gut vertraut und es müssen keine zusätzlichen Clients installiert werden. Es fällt somit auch der Installations- und Wartungsaufwand weg, der bei hohen Benutzerzahlen doch beträchtliche Ausmaße annehmen kann.[73][76]

---

[71] Dhar, 2012, S.664ff

[72] Buyya, Broberg, Goscinski, 2011, S.16ff

[73] Furth, Escalante, 2010, S.11

[74] Buyya, Broberg, Goscinski, 2011, S.16ff

[75] Dahbur, Mohammad, Tarakji, 2011, S.1

[76] Jadeja, Modi, 2012, S. 877ff

- **Ortsunabhängigkeit:** Werden Standard-Webbrowser eingesetzt um Cloud Computing Systeme zu benutzen, so ist eine ortsunabhängige Nutzung des Systems möglich. Der Benutzer kann sich von jedem beliebigen Standort (unter Verwendung eines Browsers) am System anmelden und dieses verwenden. Home Office und flexible Jobgestaltung werden hierbei ideal unterstützt.[76] [77]
- **Einfachere Softwareupdates:** Cloud Systeme werden von einem Anbieter gehostet und Updates werden zentralisiert eingespielt. Der Benutzer hat keinerlei Aufwand und arbeitet immer mit der aktuellsten Softwareversion. Weiterhin kann Downtime in der Regel vermieden werden.[76]
- **Frühzeitige Filterung:** Ein Vorteil von Cloud Computing ist die Möglichkeit der frühzeitigen Filterung des Traffics. Fragwürdige Inhalte können bereits vom Provider entfernt werden und gelangen so überhaupt nicht in das Unternehmensnetzwerk.[78]

Wie man sieht, gibt es eine Vielzahl von Vorteilen, die für den Einsatz von Cloud Computing Systemen in Unternehmen sprechen. Die zwei wichtigsten Vorteile sind, wie zu Beginn erwähnt, Konzentration auf Kernkompetenzen und Kostenreduktion. Diese Punkte werden im Folgenden gesondert behandelt.

4.2.1 Konzentration auf Kernkompetenzen

Wie in Kapitel 4.1 erwähnt, müssen sich Unternehmen stetig an die wachsenden Anforderungen der IT anpassen. Dies erzeugt nicht nur zusätzliche Kosten für das Unternehmen, sondern stellt auch einen großen Aufwand an Personalressourcen dar, welche außerhalb des Unternehmensgegenstandes agieren müssen.

Ein weiterer Punkt ist die Softwareentwicklung an sich. Viele Unternehmen besitzen ihre Kernkompetenzen in anderen Bereichen und sollten sich auch auf diese konzentrieren. IT Outsourcing in Form von Cloud Computing bietet diesen Unternehmen die Möglichkeit, den Fokus auf die Kernkompetenzen wieder zu verstärken und die IT an einen externen Dienstleister auszulagern. Die Mitarbeiter müssen sich nicht um Installation von bestimmten Softwarekomponenten kümmern. Will man spezifische Anwendungen entwickeln, so stellt der Cloud Anbieter die nötige Plattform zur Verfügung (siehe Kapitel 2.4.2.). Zusätzlich zu dem reduzierten Aufwand können Firmen auch vom Expertenwissen von Drittanbietern profitieren. Vorhandenes Wissen und Best Practices können adaptiert werden und meist gibt es eine Vielzahl an vorhandenen Anwendungen, aus denen man geeignete wählen kann.[79] [80]

---

[77] Mishra, Tripathi, 2011, S.1ff

[78] Chee, Franklin, 2010, S.206

[79] Dhar, 2012, S.665

[80] Jadeja, Modi, 2012, S. 877ff

Yang hebt in diesem Zusammenhang speziell die Vorteile von Cloud Computing beim Einsatz in Kurzzeitprojekten hervor. In diesem Fall kann sich das Projektteam auf die relevanten Aufgaben konzentrieren, anstatt sich um IT Infrastruktur zu kümmern. [81]

4.2.2 Kostenreduktion

Der wohl größte Vorteil des Einsatzes von Cloud Computing in Unternehmen ist die Möglichkeit der Kostenreduktion im Bereich IT. Hierbei sind große Potentiale vorhanden und die Einsparungsmöglichkeiten können in verschiedene Kostenblöcke unterteilt werden. Folgende Kosteneinsparungen sind durch den Einsatz von Cloud Computing möglich:[82] [83] [84]

- Keine hohen Initialkosten für Hardware und Software
- Keine Kosten für IT Infrastruktur (Datencenter, etc.)
- Keine Wartungskosten
- Reduzierte Administrationskosten
- Reduzierte Kosten für Mitarbeiter und Schulung im Bereich IT
- Keine direkten Kosten für stetige Systemanpassung (bspw. Speicherplatzerhöhung)

Matt Goldner greift die Themen Kostenreduktion und Kernkompetenzen auf und fasst diese in drei Sätzen sehr gut zusammen:

> *„Jeff Bezos of Amazon has repeatedly spoken of the 70/30 rule. He states that it can be demonstrated that businesses which run applications spend 70% of their time and money supporting the infrastructure required to keep their business going. This only leaves them 30% of time and money to work on innovation and ways to improve and grow their businesses".* [85]

Unter diesem Blickwinkel wird noch deutlicher, wie sinnvoll ein Outsourcing der IT in die Cloud und eine Konzentration auf die Kernkompetenzen sein kann.

---

[81] Yang, 2012, S.5ff
[82] Mishra, Tripathi, 2011, S.1
[83] Dhar, 2012, S.664ff
[84] Chorafas, 2011, S.8
[85] Goldner, 2011, S.2

4.3 Nachteile und Herausforderungen

Neben den Vorteilen, die der Einsatz von Cloud Computing mit sich bringt, gibt es natürlich auch einige Nachteile, bzw. Herausforderungen die zu berücksichtigen sind. Die wohl größte Herausforderung ist das Thema Sicherheit; dieses wird später gesondert beschrieben. Im Folgenden nun die wesentlichen Nachteile und Herausforderungen, die beim Einsatz von Cloud Computing zu berücksichtigen sind:

- **Anbieterseitige Probleme:** Obwohl der Cloud Computing Nutzer alle IT Fragen an den Cloud Computing Anbieter auslagert, muss man bedenken, dass auf der Anbieter Seite immer dieselben Gefahren bestehen, wie wir sie vom klassischen In-House Betrieb kennen. Dazu zählen Serverausfälle, Performance Probleme und Probleme mit der Internetanbindung. Im Normalfall stellt dies keinen Nachteil dar, doch wenn es Probleme gibt, so hat man selbst keine Möglichkeit diese zu beheben. Bei Private Clouds ist die Infrastruktur natürlich innerhalb des eigenen Unternehmens verfügbar.[86] [87]
- **Verfügbarkeit:** Cloud Computing Systeme setzen i.d.R. eine ausreichende Verbindung zum Internet voraus. Wenn diese Verbindung unterbrochen ist, so ist das System möglicherweise überhaupt nicht mehr erreichbar. Kann eine leistungsstarke Internetverbindung nicht gewährleistet werden, so ist der Einsatz von Cloud Systemen nicht sinnvoll oder gar unmöglich. Dieses Problem besteht bei Private Clouds nicht (oder nur teilweise), da diese lokal über das interne Netzwerk betrieben werden können und so oft unabhängig von der eigentlichen Internetverbindung „nach außen" betrieben werden.[86] [88] [89]
- **Kontrollverlust und Datenhoheit:** Kommen Public Clouds zum Einsatz, so verliert man in gewissem Maße die Kontrolle über das eingesetzte System. Die Kontrolle über Hardware, Software und auch Daten liegt zu 100% beim Cloud Anbieter. Dies stellt für viele Benutzer eine große Hürde dar. Ein weiterer wichtiger Punkt ist das Thema der Datenhoheit. Bei Public Clouds können die Daten prinzipiell in einem geographisch beliebig platzierten Datencenter gespeichert werden, ohne dass die Benutzer Einfluss darauf haben. Für gewisse Unternehmen stellt dies einen Verstoß gegen Richtlinien und somit eine große Herausforderung dar. Private Clouds können diese Nachteile in gewissem Maße umgehen, indem die Kontrolle zurück an das Cloud nutzende Unternehmen geht.[90] [91]

---

[86] Yang, 2012, S.6
[87] Dhar, 2012, S. 671
[88] Furth, Escalante, 2010, S.11
[89] Chorafas, 2011, S.38
[90] Yang, 2012, S.6
[91] Dhar, 2012, S.671

- **Abhängigkeit vom Cloud Anbieter:** Vertrauen in den Cloud Computing Anbieter ist eine wesentliche Voraussetzung für die erfolgreiche Zusammenarbeit. Gerade bei Public Clouds entsteht eine große Abhängigkeit vom Anbieter. Kommt es beim Anbieter zu Systemausfällen oder Sicherheitslücken, so ist das Cloud nutzende Unternehmen machtlos und muss diese hinnehmen.[90]
- **Wechselbarrieren:** Cloud Computing Anbieter verwenden in der Regel eigene, proprietäre Standards und erzeugen somit eine gewisse Abhängigkeit. Dies macht es oft sehr schwierig den Cloud Computing Anbieter zu wechseln. Im Fall eines Wechsels kann es zu großen Schwierigkeiten und damit verbundenen Kosten kommen. [91]

4.4 Sicherheit

Das Thema Sicherheit stellt sicherlich die größte Herausforderung im Bereich Cloud Computing dar. Bei Private Clouds kann dieses Thema teilweise vernachlässigt werden, da keine zusätzlichen Sicherheitsrisiken im internen Firmennetzwerk entstehen. Die im Folgenden angeführten Herausforderungen betreffen also vorrangig Public Clouds. [90]

Ein Hauptproblem im Bezug auf Datensicherheit ist die Lage der Cloud Datencenter. Benutzer wissen oft nicht, wo ihre Daten (geographisch) wirklich gespeichert werden und in den Ländern gibt es verschiedenste Gesetze zum Thema Datenschutz.[91]

Spricht man von Datensicherheit, so gibt es Umfragen, die erschreckende Ergebnisse liefern: Cloud Computing Anbieter interessieren sich oft nur sehr wenig für Datensicherheit. Sie schieben die Verantwortung oft auf Benutzer ab.[90]

Besonders heikel ist das Thema Benutzerdaten. Informationen über Benutzer dürfen auf keinen Fall für nicht Berechtigte zugänglich sein. Die Benutzerauthentifizierung erfolgt aus diesem Grund oft lokal, das heißt nicht in der Cloud. Benutzerdaten sind somit nicht für Dritte zugänglich.[92]
Man muss bedenken, dass Cloud Computing Systeme i.d.R. über das Internet abgerufen werden und aus diesem Grund müssen auch bekannte Sicherheitsprobleme wie Viren oder Hacker-Attacken berücksichtigt werden. Im Grunde muss der Cloud Anbieter für Sicherheit sorgen, was allerdings wieder den Nachteil eines gewissen Kontrollverlustes seitens der Cloudnutzer mit sich bringt.[93]

---

[92] Chee, Franklin, 2010, S.203ff
[93] Liu, 2012, S.1218ff

Datenintegrität setzt voraus, dass nur authentifizierte Benutzer Daten verändern dürfen und Vertraulichkeit soll sicherstellen, dass nur authentifizierte Benutzer Daten lesen dürfen.[93]

Folgende Techniken können zur Sicherheit in Clouds beitragen:[93]

- Verschlüsselte Ablage der Daten. Bei großen Datenmengen kann dies allerdings einen großen zeitlichen Aufwand bedeuten
- Sicherheit bei der Datenübertragung kann durch den Einsatz von Verschlüsselung und VPN Technologie (Virtual Private Network) erzielt werden
- Regelmäßiges Backup der Daten
- Entsprechende Authentifizierungsmechanismen
- Gut durchdachte Benutzerverwaltung

4.5 Rechtliche Aspekte

Leider kommt es vor, dass Cloud Computing Firmen Opfer von Hacker Angriffen werden. Mitunter können so Millionen von Benutzerdaten illegal erworben werden. Diese negativen Beispiele machen deutlich, dass es gut ist, sich auch über die rechtliche Lage im Bezug auf Cloud Computing im Klaren zu sein. Will man mit einem Cloud Computing Anbieter zusammenarbeiten, so ist es sinnvoll, zumindest eine entsprechende Versicherung abzuschließen und eine Schadensersatzsumme zu vereinbaren.[94]

Prinzipiell ist der Cloud Computing Nutzer verantwortlich dafür, dass der Cloud Computing Anbieter die für ihn gültigen Datenschutzbestimmungen einhält. Der Nutzer muss den Anbieter entsprechend instruieren und sollte die Einhaltung regelmäßig überprüfen. Diese Überprüfung ist im Cloud Computing oft nur schwer oder gar nicht möglich. Prinzipiell ist jede Unternehmung *„[…]im Rahmen der elektronischen Datenbearbeitung verpflichtet, die dafür notwendigen Sicherheitsmassnahmen einzuhalten[…]"*[95]

Um bestimmte Sicherheitsthemen festzulegen, werden sogenannte Security-Service-Level-Agreements (SSLA) erstellt. Rechtlich gesehen wird zwischen Cloud Anbieter und Nutzer ein sogenannter „Schuldvertrag" erstellt, welcher vom Typ her nicht eindeutig zuordenbar ist; es ist eine Mischung aus Mietvertrag, Leihe und Dienstvertrag.
Belege mit steuerlicher Relevanz müssen laut Gesetz im Inland aufbewahrt werden. Hier kann es bei Cloud Anbietern zu Problemen kommen, deren Datencenter sich in anderen

---

[94] Gold, 2012, S.24ff
[95] Sury, 2009, S.2ff

Ländern befinden. Das Datenschutzrecht ist nur dann anzuwenden, wenn die gespeicherte Information nicht anonymisiert ist, also eindeutig Personen zuordenbar ist.[96]

4.6 Business Szenarien

Die oben genannten Vor- und Nachteile sowie Herausforderungen lassen darauf schließen, dass Cloud Computing nicht für alle Unternehmen (bzw. Einsatzgebiete) in gleicher Weise geeignet ist.
Im Folgenden werden Szenarien geschildert, die ideal für Cloud Computing geeignet sind:
[97]

- Viele Unternehmensprojekte sollen völlig neue Strukturen schaffen. Oft gibt es hohe Zielvorgaben wie Erhöhung des Kundennutzens oder Marktwachstum. Durch begrenztes Budget für die IT ist es oft schwer diese Ziele zu erreichen. In diesem Fall eignet sich der Einsatz von Cloud Computing. Man kann von einer perfekten, bereits vorhandenen Infrastruktur profitieren und die Initialkosten für die IT können minimiert werden.
- In vielen Fällen werden hoch komplexe und wartungsintensive IT Systeme benötigt. Setzt man hier auf Cloud Computing, so können die benötigten Ressourcen oft in einfach zu benutzender Form zur Verfügung gestellt werden und zusätzlich bieten manche Cloud Anbieter auch intelligente Monitoring Systeme, die den Wartungsaufwand erheblich reduzieren.
- Viele Geschäftsprozesse haben einen stark variierenden Bedarf an IT Ressourcen. Will man diesen Bedarf In-House decken, so muss man die Systeme auf den höchsten Bedarf des Prozesses ausrichten und somit gibt es viele Zeitpunkte, zu denen die vorhandenen Ressourcen nur zu einem geringen Teil genutzt werden. Dies führt zu überdimensionierten IT Systemen die zugleich unwirtschaftlich verwendet werden. Für diese Geschäftsprozesse ist Cloud Computing bestens geeignet, da Services hier einfach skalierbar sind und bei Bedarf abgerufen werden können.
- Standard IT Services wie beispielsweise Email oder Datenspeicherung sind ideal für das Outsourcing an Cloud Anbieter geeignet. Die eigene IT Infrastruktur und die damit verbundenen Kosten, sowie der sonstige damit verbundene Aufwand können stark reduziert werden.

---

[96] Weichert, 2010, S.2ff
[97] Dhar, 2012, S.668ff

4.7   Zusammenfassung

Kapitel 4 beschäftigt sich mit dem Einsatz von Cloud Computing in Unternehmen. Zu Beginn wird erneut, aber diesmal etwas detaillierter, beschrieben, warum bei Unternehmen ein Bedarf an Cloud Computing vorhanden ist. Als wesentliche Punkte können Kostenreduktion und Konzentration auf Kernkompetenzen identifiziert werden.[98]

Im Anschluss daran werden die zwei wesentlichen Fragestellungen dieser Arbeit beantwortet:

- *„Welche Vorteile bringt der Einsatz von Cloud Computing Systemen für Unternehmen?"*
- *„Welche Herausforderungen bringt der Einsatz von Cloud Computing Systemen mit sich?"*

Unter mehreren Vorteilen können wiederum Kostenreduktion und die Möglichkeit, sich völlig auf die eigentlichen Kernkompetenzen konzentrieren zu können, als die größten Vorteile für Unternehmen identifiziert werden.[98]

Die größte Herausforderung beim Einsatz von Cloud Computing im Unternehmen ist das Thema der Sicherheit. Viele Cloud Computing Anbieter zeigen nur sehr geringes Interesse für Datensicherheit. Die Sicherheit stellt wohl die größte Hürde für die Einführung von Cloud Computing Systemen dar.[99]

Cloud Computing eignet sich sehr gut für Standardanwendungen und Systeme, die eine hohe Flexibilität im Bereich der Ressourcenallokation voraussetzen, sowie wartungsintensive Anwendungen.[100]

---

[98] Dhar, 2012, S.664ff
[99] Chorafas, 2011, S.38
[100] Dhar, 2012, S.668ff

5 Fazit und Ausblick

Cloud Computing ist heutzutage in aller Munde und die meisten Menschen verwenden diesen Computing Ansatz auch täglich (privat oder beruflich). Der Begriff Cloud Computing wird von vielen Benutzern nicht richtig verwendet, da ihnen der volle Funktionsumfang nicht bekannt ist. Ein Großteil der Benutzer spricht in Wirklichkeit nur von Software as a Service (SaaS), also von Anwendungen die von Drittanbietern als Service abgerufen werden können (zB über einen normalen Webbrowser). SaaS ist aber nur ein Service Modell des Cloud Computings, es können auch virtualisierte Server oder vorkonfigurierte Entwicklungsplattformen angeboten werden. [101]

Für Unternehmen stellt sich die Frage, ob Cloud Computing eingesetzt werden soll oder nicht. Wie sich gezeigt hat, können Unternehmen IT Kosten sparen, indem sie Cloud Services von Drittanbietern beziehen (also IT Outsourcing betreiben). Für Unternehmen, deren Kernkompetenzen nicht im Bereich der IT liegen, bietet dies große Vorteile. Jedoch müssen auf jeden Fall die negativen Aspekte des Cloud Ansatzes betrachtet werden. Das Thema Sicherheit muss vor dem Einstieg in die Cloud ausreichend analysiert werden, um später keine bösen Überraschungen zu erleben. Aus diesem Grund sollten sich Unternehmen genau darüber im Klaren sein, welche Daten in die Cloud ausgelagert werden und welche nicht. Firmengeheimnisse, wesentliche Finanzkennzahlen oder sensible Mitarbeiterdaten müssen gut geschützt sein und dürfen unter keinen Umständen in falsche Hände gelangen. Will man solch heikle Daten in die Cloud geben, so sollte man den Cloud Anbieter vorweg sehr genau unter die Lupe nehmen und entsprechende Verträge oder Garantien vereinbaren. [102] [103]

Greifen Unternehmen auf Private Cloud Systeme zurück, so kann das Risiko zu einem bestimmten Teil minimiert werden. Private Cloud Systeme bieten oft die Möglichkeit des In-House Hostings. In diesem Fall wird der Vorteil der Kostenreduktion zwar etwas reduziert, aber dennoch können die Vorteile einer Cloud Architektur bei geringstem Risiko genutzt werden. [104]

Betrachtet man die vorgestellten Vor- und Nachteile, die durch den Einsatz von Cloud Computing entstehen, so kann man feststellen, dass dieser Computing Ansatz nicht für alle Unternehmen geeignet ist. In Kapitel 4.6 wurden ideale Szenarios vorgestellt, die sich bestens für den Einsatz von Cloud Computing eignen.

---

[101] Buyya, Broberg, Goscinski, 2011, S.13
[102] Gold, 2012, S.24ff
[103] Dhar, 2012, S.664ff
[104] Furth, Escalante, 2010, S.7

In Zukunft wird der Trend zu Cloud Computing Systemen wohl weiter steigen. Die Frage der Sicherheit wird immer eines der wichtigsten Themen bleiben und gewiss die größte Hürde für den Eintritt in die Cloud darstellen. Aus diesem Grund könnten Private Cloud Ansätze einen idealen Mittelweg für viele Unternehmen darstellen. Im privaten Bereich wird die Public Cloud wohl immer mehr zum Alltag werden.

Literaturverzeichnis

Monographien, Bücher und Sammelbände

Buyya, Rajkumar/Broberg, James/Goscinski, Andrzej: Cloud Computing: Principles and Paradigms, New Jersey, 2011

Chee, Brian J.S./Franklin, Curtis: Cloud Computing: Technologies and Strategies of the Ubiquitous Data Center, New York, 2010

Chorafas, Dimitris N.: Cloud Computing Strategies,Florida, 2011

Furht, Borko/Escalante, Armando: Handbook of Cloud Computing, New York, 2010

Fachartikel und Journale

Armbrust, Michael/Fox, Armando/Griffith, Rean/Joseph, Joseph D./Katz, Randy: Above the Clouds: A Berkeley View of Cloud Computing, UC Berkeley Reliable Adaptive Distributed Systems Laboratory White Paper, 2009

Dahbur, Kamal/Mohammad, Bassil/Tarakji, Ahmad Bisher: A Survey of Risks, Threats and Vulnerabilities in Cloud Computing in ISWSA '11 Proceedings of the 2011 International Conference on Intelligent Semantic Web-Services and Applications, Article No. 12, 1-6, 2011

Dhar, Subhankar: From outsourcing to Cloud computing: evolution of IT services in Management Research Review, Vol. 35 Iss: 8 pp. 664 – 675, 2012

Fouquet, Marc/Niedermayer, Heiko/Carle, Georg: Cloud computing for the masses in 1st ACM workshop on User-provided networking: challenges and opportunities (U-NET '09), 31-36, 2009

Gold, Joshua: Protection in the cloud: Risk Management and Insurance for Cloud Computing in Journal of Internet Law, Volume 15, Number 12, 24-28, 2012

Goldner, Matthew R.: Winds of change: Libraries and cloud computing in Multimedia Information and Technology, Vol. 37, No. 3, 2011

Gong, Chunye/Liu, Jie/Zhang, Qiang/Chen, Haitao/Gong, Zhenghu: The Characteristics of Cloud Computing in 2010 39th International Conference on Parallel Processing Workshops (ICPPW), 275-279, 2010

Haider, Sajjad/Shaikh, Farhan Bashir: Security Threats in Cloud Computing, Abu Dhabi, 2011

Hewitt, Carl: ORGs for scalable, robust, privacy-friendly client cloud computing in Internet Computing, Volume 12, IEEE, 2008

Jadeja, Yashpalsinh/Modi, Kirit: Cloud Computing – Concepts, Architecture and Challenges in 2012 International Conference on Computing, Electronics and Electrical Technologies (ICCEET), 877-880, 2012

Liu, Wentao: Research on Cloud Computing Security Problem and Strategy in 2012 2nd International Conference on Consumer Electronics, Communications and Networks Conference Publications, 1216-1219, 2012

Mell, Peter/Grance, Timothy: The NIST Definition of Cloud Computing, Special Publication 800-145, Gaithersburg, 2011

Mishra, Abhinav/Tripathi, Alok: Cloud Computing Security Considerations in 2011 IEEE International Conference on Signal Processing, Communications and Computing (ICSPCC), 1-5, 2011

Myerson, Judith: Cloud computing versus grid computing, IBM Corporation, 2008

Sury, Ursula: Cloud Computing und Recht in Zeitschrift Informatik-Spektrum der deutschen Gesellschaft für Informatik, 2009

Voas, Jeffrey/Zhang, Jia: Cloud Computing: New Wine or Just a New Bottle? in IEEE IT-pro,15-17, 2009

Weichert, Thilo: Cloud Computing und Datenschutz, 2010

Weinhardt, Christof/Anandasivam, Arun/Blau, Benjamin/Borissov, Nikolay/Meinl, Thomas/Michalk, Wibke/Stößer, Jochen: Cloud computing – a classification, business models, and research directions in Business & Information Systems Engineering, Vol. 1, No. 5, 391, 2009

Yang, Sharon Q.: Move into the Cloud, shall we? in Library Hi Tech News, Vol. 29 Iss: 1, 4-7, 2012

Artikel aus dem Web

Cloud Security Alliance: Wiki, https://wiki.cloudsecurityalliance.org/ [heruntergeladen am 04.11.2012]

Farber, Dan: Oracle's Ellison nails cloud computing, http://news.cnet.com, http://news.cnet.com/8301-13953_3-10052188-80.html, 2008 [heruntergeladen am 24.10.2012]

SCC News, Steinbuch Centre for Computing (SCC), Karlsruhe Institute of Technology, 2008/3 [heruntergeladen am 26.10.2012]

VMware News Releases: VMware with AMD, Dell, HP, IBM, Intel, Novell, Red Hat and Others to Forge Open Virtualization Standards, http://www.vmware.com/company/news/releases/community_source.html [heruntergeladen am 23.12.2012]

Wikipedia, Cloud-Computing, http://de.wikipedia.org/wiki/Cloud_Computing [heruntergeladen am 23.11.2012]

Wikipedia, Serviceorientierte Architektur, http://de.wikipedia.org/wiki/Serviceorientierte_Architektur [heruntergeladen am 23.12.2012]

www.ingramcontent.com/pod-product-compliance
Lightning Source LLC
LaVergne TN
LVHW080106070326
832902LV00014B/2448